农业建设项目管理问答

刘洪业　主编

中国农业科学技术出版社

图书在版编目（CIP）数据

农业建设项目管理问答 / 刘洪业主编 . -- 北京：中国农业科学技术出版社，2022.11

ISBN 978-7-5116-5807-4

Ⅰ . ①农…　Ⅱ . ①刘…　Ⅲ . ①农业项目－项目管理－中国－问题解答　Ⅳ . ① F323.9-44

中国版本图书馆 CIP 数据核字（2022）第 115001 号

责任编辑　白姗姗
责任校对　马广洋
责任印制　姜义伟　王思文

出 版 者　中国农业科学技术出版社
北京市中关村南大街 12 号　邮编：100081
电　　话　（010）82106638（编辑室）（010）82109702（发行部）
（010）82109709（读者服务部）
网　　址　https: // castp.caas.cn
经 销 者　各地新华书店
印 刷 者　北京建宏印刷有限公司
开　　本　148 mm×210 mm　1/32
印　　张　2.5
字　　数　40 千字
版　　次　2022 年 11 月第 1 版　2022 年 11 月第 1 次印刷
定　　价　30.00 元

#《农业建设项目管理问答》
编委会

主　任：夏耀西　王　欣　于　辉

主　编：刘洪业

编　委：（按姓氏笔画排序）

王　骁　方　松　田枭艺　刘之光

李卫东　李冠男　李鹏达　宋　薇

张　冰　张辰路　罗　双　赵　诚

贺军鹏　黄丰雨　龚　渤　惠珂璟

蔡莹盈

前 言

为进一步提高农业建设项目管理的科学性、规范性，防范管理风险，提升管理效率，依据《政府投资条例》（2019年国务院令第712号）、《中华人民共和国招标投标法》（2017年修正）、《农业农村部中央预算内直接投资农业建设项目管理办法》（农计财发〔2020〕18号）、《农业部直属单位建设项目管理办法》（农计发〔2014〕78号）、《农业农村部直属单位建设项目管理工作规程（试行）》（农办规〔2020〕1号）、《中国农业科学院基本建设项目管理岗位职责》（农科办基建〔2020〕35号），以及规划、国土、住建管理部门相关文件要求，结合中国农业科学院农业建设项目管理工作实际，编制《农业建设项目管理问答》，从项目前期工作、实施准备、建设实施到竣工验收全过程，对项目申报、设计、招标、建设、结算及其他管理难题进行探讨，提出合理化建议和解决方案，供院属各单位参考和借鉴。

编 者

2022年9月

目　录

第一篇　前期工作篇

一、可行性研究阶段 …………………………………… 3

1. 不符合申报材料报送形式要求………………………… 3
2. 可行性研究报告内容不完整…………………………… 3
3. 缺少建设规划依据，无法进入评审程序……………… 4
4. 申报项目与建设规划项目名称、目标不一致……… 4
5. 项目审批前置条件未落实……………………………… 4
6. 基础设施项目忽视相关市政手续办理………………… 5
7. 忽视人防工程建设要求………………………………… 5
8. 可行性研究报告编制依据不当………………………… 6
9. 主要技术经济指标与相关批复不符…………………… 6
10. 建设必要性、紧迫性及可行性的表述与申报项目不紧密………………………………………………… 6
11. 可行性研究报告引用背景材料、数据资料缺乏针对性和时效性………………………………………… 7

12. 建设内容和规模分析缺乏逻辑性测算…………… 7
13. 基础设施类项目基础资料缺失………………… 8
14. 选址分析不充分，多个建设地点的联系阐述不清
………………………………………………… 8
15. 项目策划内容与建设规划要求不符…………… 8
16. 建设方案与用地规划、院区规划衔接不紧密……… 9
17. 投资估算依据错误或投资估算漏项…………… 9
18. 未结合项目提出合理绩效目标，定量指标少或
设置的目标难以评价………………………… 10
19. 可行性研究报告附图中用地位置表述不清，仪器
设备放置地点标注不清晰…………………… 10
20. 可行性研究报告附件中未提供拟改造房屋产权证
……………………………………………… 11
21. 可行性研究报告附件中未提供拟拆除房屋或拟
报废仪器设备资产处置证明………………… 11
22. 可行性研究报告报送时，平台填写不同步……… 11
23. 拟购置仪器设备未查重，或仅简单定性描述，
缺乏定量分析……………………………… 11
24. 设备技术参数填写不完整，购置归类不清晰…… 12
25. 申报阶段指定设备名称和型号，采购阶段型号和
参数过时，或由于研究热点转变而导致设备闲置
……………………………………………… 12

26. 未针对申报内容提出共享方案…………………… 13

二、初步设计阶段 …………………………………… 13

27. 不符合申报材料报送形式要求………………… 13

28. 不了解中央投资管理要求，擅自扩大规模……… 14

29. 规划手续分阶段办理认识不到位，手续不完整
………………………………………………… 14

30. 初步设计阶段变更理由、调增内容不合理……… 14

31. 初步设计阶段调整效益指标…………………… 15

32. 未及时开展地勘、物探等基础工作…………… 15

33. 场区工程说明不完整，场区图示意不清晰……… 15

34. 概算范围与初步设计范围不一致，定额套用错误，
工程建设其他费用所列内容不符合要求………… 16

35. 未落实人防工程、绿色建筑、装配式建筑、城市
基础设施配套费缴纳等要求……………………… 16

36. 科研人员参与程度不够，项目建设与使用需求
产生偏差………………………………………… 16

37. 建安工程概算偏低……………………………… 17

三、开工前行政审批阶段 ………………………… 17

38. 建设用地使用权没有落实，影响项目验收……… 17

39. 项目建设用地权属两家，导致规划无法审批…… 18

40. 项目申报未使用最新版测绘图，导致无法按计划开工…… 18
41. 建设内容与区域规划不一致，无法获得规划批复…… 18
42. 规划、施工、消防等前期行政审批手续不齐全…… 18
43. 项目名称不一致，导致施工许可证难以获批…… 19
44. 初步设计方案未与规划部门沟通，导致办理规划许可证困难…… 19
45. 项目用地范围内存在违建，影响开工审批…… 20

第二篇　实施准备篇

一、施工图设计阶段 …… 23
46. 施工图设计阶段科研实际需求调研不充分，后期改动较多…… 23
47. 设计人员变更，影响设计质量…… 23
48. 设计单位各专业缺乏沟通，审图走过场，各专业图纸矛盾…… 24
49. 施工图交底不清晰，施工组织对重难点问题预判不足，影响工程质量和施工进度…… 25

50. 追求设计速度，限额设计流于形式…………………… 25
51. 施工图质量不高影响工程量清单编制，增加造价控制难度……………………………………………… 25
52. 建设单位缺乏专业技术人员，审图能力有限…… 26
53. 施工、监理单位审图不认真，造成施工中发生拆改，增加措施费与施工难度………………………… 27

二、招标阶段 …………………………………………… 28
54. 工程量清单总说明表述不清楚，项目特征描述不规范、不准确，工程量清单漏项、工程量偏差过大，引起项目费用增加…………………………………… 28
55. 暂估价专业工程列项过多，增加建设单位过程管理难度，措施费、总包配合费易引起结算纠纷……………………………………………………… 29
56. 暂估价材料相关参数描述不清……………………… 30
57. 建设单位把控暂估价材料、暂估价工程招标采购难度大，造价控制和工期控制被动……………… 30
58. 评标过程未发现投标文件中错报、漏报、不平衡报价等问题……………………………………… 31
59. 招标文件中对合同价款的支付约定有缺陷……… 31
60. 不重视资格审查，难防围标、废标、恶意竞标现象……………………………………………… 32

61. 设计单位采取有倾向性的设计…………………… 32
62. 招标文件中设备参数不规范，存在明显倾向性或排他性………………………………………… 32
63. 个别进口仪器设备招标时市场价与预算批复金额差距较大……………………………………… 33
64. 采购时间跨度长，产品更新换代，未按批复设备购置或增购批复外的仪器设备………………… 33
65. 因实际需求变化，变更仪器设备的功能、型号及参数…………………………………………… 33
66. 实验室环境不满足仪器设备使用要求，超批复内容新增实验室改造……………………………… 34

第三篇　建设实施篇

一、合同管理 …………………………………… 37
67. 专用合同条款有缺陷，存在工程索赔或工程结算纠纷风险……………………………………… 37
68. 合同各方都有违约行为，合同管理不理想……… 38
69. 现场人员与投标文件有出入，施工单位、监理单位更换管理人员…………………………… 38
70. 项目实施管理中发现挂靠情况…………………… 39

71. 监理项目部对质量、进度和造价控制不理想…… 39
72. 合同条款对工期和延期约定不明确，给合同执行和工程结算带来困难……………………………… 40

二、进度控制 …………………………………………… 40

73. 建设单位管理链条长、决策慢……………………… 40
74. 施工单位项目部管理不规范，施工组织能力不足，施工连续性差……………………………………… 41

三、质量控制 …………………………………………… 42

75. 施工质量管理制度落实不到位……………………… 42
76. 建筑材料、设备检测不严格………………………… 42
77. 建筑、结构、水暖电施工均有常见问题………… 43

四、造价控制 …………………………………………… 44

78. 建设单位对工程变更的认识不足…………………… 44
79. 施工单位拖欠工资与材料款………………………… 44

五、安全管理 …………………………………………… 45

80. 消防、临电、高空作业、深基坑作业等存在隐患…………………………………………………… 45

第四篇 竣工验收篇

一、工程结算阶段 …………………………………… 49

81. 合同对竣工资料、结算资料工程结算书组成和架构无明确约定，导致结算审核难度大………… 49
82. 工程结算过程中虚假报价……………………………… 49
83. 工程结算过程中工程量高估冒算…………………… 49
84. 缺少暂估价材料的认价单，缺少人工费调整确认单………………………………………………… 50
85. 工程结算时间长，久拖不决………………………… 51

二、财务决算阶段 …………………………………… 51

86. 未考虑拆迁补偿费……………………………………… 51
87. 列支与建设项目无关费用……………………………… 52
88. 土地平整与改良支出列入待摊支出………………… 52
89. 会计凭证后未附合同相关内容和支付审批表…… 52
90. 异地建设项目往返差旅费较多，建设单位项目管理费超概算批复………………………………… 52
91. 完工后剩余资金用于批复外建设内容…………… 53

三、验收阶段 ………………………………………… 53

92. 未做好分部分项工程验收工作…………………… 53
93. 消防、规划等专项验收难，不重视环保验收…… 54
94. 仪器设备到货验收程序不完整，验收资料不完整 ……………………………………………………… 54
95. 未严格对照批复内容编制项目完成情况对照表 ……………………………………………………… 54
96. 仪器设备未进行标识化管理，缺少使用记录或记录不完善、不及时…………………………… 55
97. 组织初步验收和申请项目验收不及时………… 55
98. 项目竣工验收条件不足，导致验收失败或延后 ……………………………………………………… 55

四、工程档案管理 ………………………………………… 56

99. 缺少档案管理人员，资料收集不及时，管理不规范…………………………………………… 56
100. 施工单位向建设单位移交档案不及时、不完整，若遇到工程结算纠纷，会导致项目验收工作停滞 ……………………………………………………… 56
101. 项目档案资料遗失，或分散在经办人手中，部分费用未能纳入项目核算，导致竣工财务决算时投资依据不足，核算不准………………………… 57

第五篇　综合管理篇

102. 项目法人责任制落实不到位…………………… 61
103. 未及时组建强有力的项目推进工作组…………… 61
104. 基建部门人手短缺………………………………… 62
105. 项目管理人员专业技术水平不足……………… 62
106. 建设单位与施工单位关系紧张………………… 62
107. 建设单位管理手段缺乏创新，效率低…………… 63
108. 大型仪器设备后期更换重要零部件或相关处置
工作时，固定资产账目核销难………………… 63

第一篇

前期工作篇

一、可行性研究阶段

1. 不符合申报材料报送形式要求

例如：一是报送文本编制日期与实际申报日期差异较大，如某重点实验室可行性研究报告于2020年3月报送，但可行性研究报告封面编制日期为2019年12月。二是报送文本签章不全，如可行性研究报告缺少项目建设单位公章、工程咨询单位（或设计单位）公章、咨询工程师（投资）执业专用章等。三是报送文本叙述不准确，表格不规范，前后不一致。

建议：对照《中国农业科学院基本建设项目可行性研究报告及初步设计编制指南》进行核查。申报日期与编制日期相差不得超过1个月，对于1个月内多次修改申报项目的，修改前后的可行性研究报告应予以区分。

2. 可行性研究报告内容不完整

例如：可行性研究报告编制简单，对项目的可行性分析不到位，针对性不强，提出的建设方案和建设内容缺乏合理性，内容单薄，深度达不到要求。

建议：按照相应体例和《农业建设项目可行性研究

报告编制规程》《农业建设项目投资估算内容与方法》编制申报文本。

3. 缺少建设规划依据，无法进入评审程序

例如：某样品保藏中心项目于2018年完成项目建议书编制并报送农业农村部，但由于未列入农业农村部相关建设规划，未能进入评审程序。

建议：结合国家政策和发展需求，瞄准农业农村部投资方向，做好项目预研究，努力将建设需求纳入农业农村部相关建设规划。

4. 申报项目与建设规划项目名称、目标不一致

例如：某项目未严格按照农业农村部相关建设规划的项目名称申报，功能定位与相关建设规划目标不一致。

建议：确保谋划项目与相关建设规划项目名称完全一致。项目功能定位要与规划项目目标保持一致。

5. 项目审批前置条件未落实

例如：重大项目须落实土地、规划、能评、稳评等前置条件，一般项目应落实好土地、规划等前置条件。

建议：将前置条件作为项目策划首要考虑要素。前置条件项目名称要与申报项目名称一致。重大项目应按

照国家发展改革委重大项目审批办事指南列示的材料清单及要求办理前置条件，规划选址意见和节能审查意见需项目所在地省级部门出具，用地预审意见需自然资源部出具。

6. 基础设施项目忽视相关市政手续办理

例如：电力增容未取得供电方案批复或可实施供电方案，未及时办理报装手续；雨污水管网建设未落实市政排水条件。忽视市政手续办理造成后续建设方案调整。

建议：积极衔接有关市政管理部门，沟通方案，取得审批意见，避免后续过程中的方案调整。同时，要主动做好市政条件的摸底排查，协同设计人员查看现场，提高建设方案编制的科学性和合理性。

7. 忽视人防工程建设要求

例如：某建设单位在项目建议书阶段未考虑人防工程建设需求，导致项目可行性研究阶段建筑面积大幅增加，造成批复难度加大。

建议：主动了解人防政策，将人防工程建设需求在项目整体建设方案中予以考虑，避免项目立项后出现大幅调整。

8. 可行性研究报告编制依据不当

例如：编制依据文件名称错误，或失效，或与项目无关，或排列无序。

建议：列举的编制依据文件应与项目直接相关且在有效期内，包含但不限于项目所属建设规划、行业发展规划、地形地貌基础资料、规模测算依据、投资估算依据等。编制依据文件应按一定顺序排列。

9. 主要技术经济指标与相关批复不符

例如：某试验基地项目规划主管部门出具规划条件为“建筑密度：≤ 25%”，申报项目的主要技术经济指标表中“建筑密度：26.52%”。

建议：项目主要技术经济指标应严格控制在相关批复范围内。

10. 建设必要性、紧迫性及可行性的表述与申报项目不紧密

例如：某观测站项目从产业发展需要、区域布局需要及提高产业科技创新能力角度论述了项目建设必要性，但与观测站功能定位不符，论述缺乏针对性。

建议：协同发挥科研、基建、财务等人员作用，特别是科研任务对项目建设需求，系统分析项目建设必要

性、紧迫性及可行性，确保与功能定位、建设目标、建设任务等相一致。

11. 可行性研究报告引用背景材料、数据资料缺乏针对性和时效性

例如：一是某观测站2020年申报时，引用2009年农作物有害生物发生面积；二是某观测站定位为完善布局，但在申报材料中未表述选址特点，无法体现项目选址在体系布局中的重要性。

建议：项目可行性研究报告要瞄准建设目标和功能定位，选用新近素材、数据以及符合项目实际情况的材料进行论述，杜绝老旧资料照搬照套、无关材料罗列。

12. 建设内容和规模分析缺乏逻辑性测算

例如：一是申报建设内容和规模无测算或测算基础数据前后表述不一致，如直接给定建设规模，有关章节文字描述和列表数值不同；二是测算基础材料不合理，如某观测站使用长期租赁房屋且已通过修购专项资金进行了修缮，但在需求测算时直接提出该房屋不再使用。

建议：认真核实基础资料准确性，包括人员数量、现状、用房面积等，结合《科研建筑工程规划面积指标》以及工艺技术路线，经科学测算推导项目建设内容及规模。

13. 基础设施类项目基础资料缺失

建议： 结合近期实施的项目，最大限度开展资料收集，协助设计单位、勘测单位调查和完善相应资料。同时，健全机制，提高档案管理意识，收集、整理、归档相应纸质、电子资料，为项目实施和运维提供基础依据。

14. 选址分析不充分，多个建设地点的联系阐述不清

例如： 某加工试验基地项目选址于所区及试验基地两个建设地点，但工艺技术路线未能体现两地研究内容的联系，项目选址中也缺少两个建设地点关系阐述。

建议： 原则上，建设项目应选址在1个建设地点。对于项目用地地块较大、建设内容分散在该地块不同区域的，可行性研究报告中要在研究内容、建设目标、工艺技术路线、选址分析等章节清晰阐述多地点之间的联系。

15. 项目策划内容与建设规划要求不符

例如： 在农业农村部相关建设规划中，观测站项目允许建设田间工程，购置农机具和野外观测仪器设备，不得新建或改造科研用房以及农机具库、挂藏室、库房等辅助用房。某观测站项目提出新建实验室，购置大型

生化分析仪器，与规划要求不符。

建议：认真研读相关建设规划，科研、基建、财务人员协同谋划，提高项目策划水平。

16. 建设方案与用地规划、院区规划衔接不紧密

例如：某试验基地供暖改造项目谋划内容与试验基地规划以及基础设施布局衔接不紧密，不利于共享共用；某观测站项目建设内容分布松散，与用地范围内功能分区关系未清晰表达。

建议：自有土地应提前编制院区规划，明确用地分区功能定位，后续项目谋划应依据规划开展。对于规划相对滞后，但确需先行启动的项目，建设单位应主动衔接规划部门，共同研究建设方案和建设布局。

17. 投资估算依据错误或投资估算漏项

例如：某项目 2018 年申报时“项目建设管理费”依据《财政部关于切实加强政府投资项目代建制财政财务管理有关问题的指导意见》（财建〔2004〕300 号）文件测算，实际应依据《基本建设项目建设成本管理规范》（财建〔2016〕504 号）文件测算；项目漏列人防费用、环评费、勘察费、设计费等。

建议：建设单位会同咨询单位充分考虑各项费用，

特别是地方性收费，要将项目收费依据作为附件装订到项目可行性研究报告中或列明项目收费依据的文件名称及文号。

18. 未结合项目提出合理绩效目标，定量指标少或设置的目标难以评价

建议：建设单位应在充分酝酿基础上，按照SMART原则（具体的、可测量的、可实现的、相关的、有时间限制的），科学合理地设定项目绩效指标，并在绩效评价时能够提供相应的佐证材料。

19. 可行性研究报告附图中用地位置表述不清，仪器设备放置地点标注不清晰

例如：某观测站项目可行性研究报告中只截取试验田、实验楼所在位置的地形图，未能清晰表达两处地点的位置关系、距离远近等；仪器设备购置类项目未标注仪器设备放置位置。

建议：可行性研究报告要完整呈现项目信息。对同一区域内建设内容涉及多处房屋或试验田的，建议先附比例尺小的总图，将全部地点位置关系清晰标注，再根据具体建设内容需要，放大局部尺寸，绘制详细建筑图或仪器设备布局图。仪器设备购置类项目应绘制房屋现状图，并根据项目建设内容在图中清晰标注仪器设备

布局。

20. 可行性研究报告附件中未提供拟改造房屋产权证

建议： 按要求提供拟改造房屋产权证。对因特殊原因未能办理或无法办理产权证的项目，可提供证明权属关系的相关材料，如形成该资产的项目竣工验收材料。对于确实无法提供权属证明的项目，建议调整申报内容。

21. 可行性研究报告附件中未提供拟拆除房屋或拟报废仪器设备资产处置证明

建议： 建设单位提前了解资产处置手续，并衔接有关部门取得明确处置意见。

22. 可行性研究报告报送时，平台填写不同步

建议： 根据项目熟化情况，及时通过全国投资项目在线审批监管平台取得项目代码，填报农业建设项目管理平台和国家重大项目库，并下载相应表格作为可行性研究报告附件，进而进行项目申报。

23. 拟购置仪器设备未查重，或仅简单定性描述，缺乏定量分析

例如： 对于已有仪器设备笼统表述为老化、数量不够，购置时间、使用频率、平均使用机时等具体数据未

列示。

建议：建设单位分类说明拟购置仪器设备：一是对没有的仪器设备，结合工艺技术路线阐述需求；二是已有但确需新购置的仪器设备，结合必要的数据信息分析新增购置紧迫性。查重分析内容不应只描述拟购置仪器设备功能，还应结合前文“仪器设备存量”以及查重结果，从定性、定量两个维度论述最终购置的内容。

24. 设备技术参数填写不完整，购置归类不清晰

建议：在项目申报阶段，统筹做好科研人员与基建人员之间的协调与配合，明确分工和职责，遵循基建项目管理相关规定，合理设置建设内容。

25. 申报阶段指定设备名称和型号，采购阶段型号和参数过时，或由于研究热点转变而导致设备闲置

建议：在可行性研究报告编制阶段，应充分发挥基建部门统筹管理职能，协调、配合科研部门，盘点仪器设备存量，聘请相关领域的仪器设备专家，组织充分的科学论证。在初步设计编制阶段，应再次组织专家对拟采购的设备进行论证。初步设计批复后，应抓紧时间实施，避免项目实施与申报时间间隔过长，设备过时。

26. 未针对申报内容提出共享方案

例如：仪器设备购置类项目，共享方案仅阐述共享原则或罗列现有共享办法，未针对性分析是否具备共享条件、投入使用后能否共享。

建议：结合项目特点以及建设单位共享制度建设情况，提出项目的共享方案。对于确实不可共享的，应阐明理由。

二、初步设计阶段

27. 不符合申报材料报送形式要求

例如：一是报送文本签章不全，例如初步设计图纸缺少设计、审核、审定三级人员签署（实行注册制的专业，应有注册专用章）及出图专用章等。二是报送文本叙述不准确、表格不规范、前后表述不一致。三是初步设计图纸不齐全，缺少总概算表。

建议：对照《中国农业科学院基本建设项目可行性研究报告及初步设计编制指南》《农业建设项目初步设计文件编制规范》《建筑工程设计文件编制深度规定》编制申报文本。

28. 不了解中央投资管理要求，擅自扩大规模

例如：某实验室项目设计方案中增加中庭、架空层，以及建筑异形等原因，建筑面积超可行性研究报告批复较大。

建议：坚持政府投资项目“经济、适用、绿色、美观”原则，按照可行性研究报告批复内容、规模、标准进行深化设计和建设。

29. 规划手续分阶段办理认识不到位，手续不完整

例如：某综合实验室项目可行性研究报告阶段，地方规划部门明确“在自有土地内建设只要符合院区规划即可，不另出具选址意见书，要求依法办理后续审批手续”。初步设计阶段，项目单位完成方案设计，但未征求规划部门意见，致使项目初步设计无明确规划指标。

建议：做好与规划部门沟通，及时了解相关规定，落实相关要求。

30. 初步设计阶段变更理由、调增内容不合理

例如：以可行性研究报告考虑不周、项目投资估算不细致为由提出项目初步设计变更；某观测站初步设计时增加房屋改造内容，但新增理由不合理且无法提供产权证明。

建议：扎实做好前期工作，严格按照可行性研究报告批复执行。逐步建立中国农业科学院设计单位黑名单制度，对于设计水平低的单位，逐步剔除。

31. 初步设计阶段调整效益指标

例如：某实验室项目可行性研究报告批复项目建成后应满足 275 名科研人员及 50 名研究生的使用需求，在项目初步设计内容未有较大变化情况下，擅自调整了上述绩效指标。

建议：效益指标是随同项目批复内容和投资同步下达的考核指标，初步设计阶段原则上不做调整，除非项目建设内容、投资规模发生较大幅度调整。

32. 未及时开展地勘、物探等基础工作

例如：某试验基地项目初步设计编制时缺少地勘资料，只列明参照周边其他项目地勘报告，给项目后续实施埋下了隐患。

建议：及时开展地勘、物探等基础工作，确保项目初步设计质量。对于地质情况相对比较清晰的区域，若编制初步设计时参考周边地勘资料，后续应及时补测。

33. 场区工程说明不完整，场区图示意不清晰

建议：督导初步设计编制单位严格按照《农业建设

项目初步设计文件编制规范》《建筑工程设计文件编制深度规定》编制初步设计，健全建设单位和初步设计编制单位两级审查机制，避免后期发生较大变更调整。

34. 概算范围与初步设计范围不一致，定额套用错误，工程建设其他费用所列内容不符合要求

建议：对照《中国农业科学院基本建设项目可行性研究报告及初步设计编制指南》《农业建设项目初步设计文件编制规范》编制申报文本，建设单位和初步设计编制单位应加强图纸、概算和文本质量审核。

35. 未落实人防工程、绿色建筑、装配式建筑、城市基础设施配套费缴纳等要求

例如：某综合实验室可行性研究报告阶段未咨询人防部门意见，初步设计阶段仍未衔接且概算中未列修建人防工程投资，也未列人防易地建设费。

建议：重视项目所在地人防工程、绿色建筑等要求，及时了解政策，将相应费用计入投资概算中。

36. 科研人员参与程度不够，项目建设与使用需求产生偏差

建议：一是科研人员全程参与调研、论证、阶段性汇报和交底。二是聚焦实验室、设备用房等重点位置，考虑业务发展及运行管理。三是采用技术手段，将科研

需求转化为三维立体形象的建筑语言。

37. 建安工程概算偏低

例如：单方造价偏低，导致招标难、结算难。

建议：一是采取限额设计，明确设计单位责任。在设计招标文件和设计合同条款中，要求设计单位务必配合建设单位做好限额设计。二是确定设计额度，设计额度可在概算批复中的建筑安装工程费用基础上下浮动5%～10%。三是建设内容、规模、建设标准等应客观，在考虑投资可控的前提下，结合需求确定建设方案。

三、开工前行政审批阶段

38. 建设用地使用权没有落实，影响项目验收

建议：项目可行性研究报告申报前，及时落实建设用地使用权，或与地方主管部门、土地所有权人、使用人等落实土地征收工作，协商好每一个具体环节具体工作，并取得相关书面证明材料，尽量减少意外情况发生，将工作落到实处。借助外力完善各项报批手续咨询或代理。

39. 项目建设用地权属两家，导致规划无法审批

建议：一是可行性研究报告上报前，核实项目用地的性质、权属和边界情况，保证项目用地合法、合规。二是发生土地使用权问题时，要主动与规划和自然资源管理部门及时沟通，尽早解决。

40. 项目申报未使用最新版测绘图，导致无法按计划开工

例如：项目前期申报没有使用最新版测绘图，实际建筑红线与建设工程规划许可证不符，不能出具验线测量报告，无法按计划开工。

建议：项目前期申报和实施中，应统一采用测绘部门提供的最新版测绘图，并进行复核。

41. 建设内容与区域规划不一致，无法获得规划批复

建议：加强与当地规划管理部门的沟通，充分了解上位规划，做好项目建设的选址和规划意见等前期准备工作。

42. 规划、施工、消防等前期行政审批手续不齐全

建议：建设项目选址意见书、建设用地规划许可证、建设工程规划许可证、施工许可证等前期行政审批手续，

直接影响后续专项验收手续的办理，如规划验收、园林绿化验收及竣工验收备案等验收指标均来源于前期行政审批数据，建设单位开工前应倒排计划，逐项或并行推进落实。

43. 项目名称不一致，导致施工许可证难以获批

建议： 办理前期行政审批手续的项目名称应与规划项目名称（即批复项目名称）一致。项目策划初期对项目名称进行确认，发生名称不一致时，确需变更名称的，应及早协调各部门办理变更手续。一般情况下取得建设工程规划许可证后工程名称不得改变。

44. 初步设计方案未与规划部门沟通，导致办理规划许可证困难

例如： 某试验基地项目设计方案未与规划部门沟通，导致办理规划许可证过程中，规划部门不同意外立面设计，调整施工图设计影响计划进度，并导致施工图与初步设计出入过大。

建议： 即使不需要申报设计方案，也要在正式报送初步设计前，与规划管理部门沟通设计方案，获得认可。

45. 项目用地范围内存在违建，影响开工审批

建议：一是熟悉项目所在地开工前的行政审批事项。二是充分做好与规划、国土等相关部门的沟通，有问题及时决策，不拖不等。

第二篇

实施准备篇

一、施工图设计阶段

46. 施工图设计阶段科研实际需求调研不充分，后期改动较多

例如：某实验室项目，对大型仪器设备安装所需结构荷载计算不充分，供电插座、废气排放和排水口位置不准确，后期实验台柜安装时大量返工。

建议：一是在项目策划阶段，邀请科研人员共同调研，最大限度的满足科研工作的特殊需求。二是组织设计人员进行现场调研，充分了解现场条件和建设需求，确保建设内容的科学性和完整性。三是认真组织科研人员、有关专家对设计图纸认真复核和现场比对，发现问题及时整改。

47. 设计人员变更，影响设计质量

建议：在设计合同中明确违约责任，防范或减少因设计单位人员调动变更导致的设计质量降低、项目实施进度滞后。尽量保障项目设计主持人、技术负责人、主要专业设计人员不变化，如有人员变更的，注意提醒设计单位设计细节前后衔接。

48. 设计单位各专业缺乏沟通，审图走过场，各专业图纸矛盾

例如：一是某项目地下室走廊，设计壁灯高度与电气预埋管、通风和消防管等高度发生冲突，无法安装壁灯，只能进行设计变更，增加工程量。二是某项目在地下室施工过程中，设计人员发现施工图中局部消防通道和防火门不满足消防规范要求，发生设计变更，增加施工难度和费用。三是某项目综合楼设计楼板高度时，未充分考虑结构梁及梁下管线空间关系，影响室内吊顶高度。

建议：加强对施工图设计审查，建设单位可以要求设计单位组织各专业设计人员集中时间进行图纸审查，必要时派驻人员到设计单位进行监督；可采用BIM技术提高设计质量；聘请专业技术人员或机构对设计图纸进行详细严格的核查；在设计合同中明确因设计问题导致变更，严重影响工程质量、投资控制、项目进度等的违约责任，如设计单位要全部或部分承担因设计错误引发设计变更造成的经济损失，设计费的支付进度与施工进度挂钩，支付比例与出现问题的时段和频率挂钩，从而实现施工结果对设计质量的检验和约束。

49. 施工图交底不清晰，施工组织对重难点问题预判不足，影响工程质量和施工进度

建议： 认真对待开工前的图纸会审和技术交底工作，针对施工图纸召开的设计交底会，要求各相关单位应理解设计意图、明确工程做法，对存在分歧的具体问题进行交流和讨论，确保施工前各项图纸到位，并针对各项影响施工的问题进行交底，保证相关问题交代清楚，避免给施工过程埋下隐患。图纸会审和设计交底工作建议在施工单位、监理单位各专业技术人员正式进场并熟悉施工图设计内容后再进行。

50. 追求设计速度，限额设计流于形式

建议： 一是保证设计周期，在保证质量的前提下加快施工图设计进度，并做好施工图审查工作。二是建设单位应严格对工程造价进行把控，除委托有资质单位对结构安全、强制性标准执行情况进行审查外，重要项目还要请有关专家对使用功能、投资控制等内容进行专门论证，避免突破设计限额。

51. 施工图质量不高影响工程量清单编制，增加造价控制难度

例如： 材料选用不合理、材料规格不确定、节点设

计不细化、标注错误、各专业图纸不一致或矛盾、屋面做法建筑说明与构造表中不一致、保温板厚度建筑说明与节能表中不一致等。如某重大项目设计图中将“钢制防火窗”写成了“铝合金防火窗”，工程量清单编制过程中未发现错误，承包人投标时故意将此项报低价，实施中指出这一错误，提出重新认价，造成该部分内容超出投标报价数十万元。

建议： 一是建设单位加强施工图核查，督促设计单位完善施工图设计，强调图纸各处清晰标示建设内容、规模、施工做法，并确保同一设计内容在不同图纸中表述一致，满足准确编制工程量清单的要求。重大项目要给予设计单位合理设计周期，监督各专业间充分沟通，分阶段检查设计成果，以便把控设计进度和设计质量。二是加强设计合同管理，合同中应对施工图纸质量标准有所约定，因设计过失造成变更洽商超过一定金额，设计单位应承担相应的经济责任。

52. 建设单位缺乏专业技术人员，审图能力有限

建议： 一是选择具有较强实力、合作基础好、信誉度高且具有丰富科研实验室设计经验的设计单位。二是在设计合同中对设计质量详细约定，如在施工过程中因

设计原因造成工程的签证、费用增加、工期拖延等应提出明确的责任约定。三是请监理单位提前介入，咨询设计造型与立面、土建、工艺、设备、投资之间的关系。四是要与设计单位多沟通，编制详细的设计进度计划，及时解决设计过程中存在的问题，包括建设单位需求不明确、设计本身不合理等问题。

53. 施工、监理单位审图不认真，造成施工中发生拆改，增加措施费与施工难度

例如： 某重大项目三层建筑平面图中有一个过廊，但结构图纸中没有体现，此问题直到结构施工完毕才发现，只能局部剔凿梁、板、柱，进行植筋，发生拆除、植筋、改造费用。

建议： 在施工合同和监理合同中明确约定通过开工前的图纸会审和技术交底，要确保项目实施过程中因图纸问题出现的变更不能超过一定数量，变更增加的费用不能超过施工合同金额的一定比例，例如 5%～10%，否则，监理和施工单位分别承担部分费用。

二、招标阶段

54. 工程量清单总说明表述不清楚，项目特征描述不规范、不准确，工程量清单漏项、工程量偏差过大，引起项目费用增加

例如：措施项目清单中以“项”为单位的费用，总说明不具体清晰，投标人无法准确测算相关费用并报价；投标人对图纸和清单中的错误不提出质疑，投标文件中报低价，实施过程中提出错误所在，导致纠纷和索赔；某重大项目施工图纸中未明确“隐框玻璃幕墙”面层材料品种、规格，工程量清单项目特征简单描述为“采用中空钢化玻璃”，投标人采用不平衡报价法对“隐框玻璃幕墙”报了低价，在施工过程中，要求发包人提供详细玻璃幕墙施工图纸，设计单位新出图纸注明材料品种、规格，承包人据此提出新单价远远超出原投标报价；某重大项目结构加固工程，工程量清单中有土方开挖工程量，但因特征描述不详细，尤其是没有明确具体位置，导致承包人坚持认为是清单漏项，提出的土方工程单项结算价远远高于原投标报价，导致百万元的结算纠纷。

建议：一是签订造价咨询合同时，要求工程量清单编制单位提供一定金额的银行担保或投保专业责任险，在工程竣工结算时，因清单问题导致的变更超过一定金额，编制单位应承担一定的经济责任或全部由保险公司承担，既降低双方风险，又有助于增强编制单位信誉。二是重视图纸答疑和招标答疑。投资规模超过3000万元的重大项目，可给予编制单位30日历天，专门用于熟悉图纸并提出问题，安排设计单位进行图纸答疑。重大项目甚至可以安排编制单位提前介入，参与施工图设计全过程。通过招标答疑会，解决清单漏项、特征描述、工程量计算方面的错误。编制工程量清单时，要求实际编制人员全面理解项目施工的内容，并及时提出图纸疑问。三是在清单编制环节，加强清单复核。可提前确定监理单位，对清单进行审核，并可委托2家单位编制工程量清单，进行比对，或单独另外委托单位对已编制的工程量清单进行复核，以利于发现问题，提高准确性。

55. 暂估价专业工程列项过多，增加建设单位过程管理难度，措施费、总包配合费易引起结算纠纷

建议：一是最大限度深化施工图设计，减少暂估价专业工程数量，包括消防、外电源、弱电、电梯、空调、室外绿化、室外道路、室外安防、地源热泵等。二是项

目管理人员要认真学习《中国人民共和国招标投标法》《中国人民共和国政府采购法》及《中华人民共和国政府采购法实施条例》，学习《农业基本建设项目管理办法》，对项目管理的关键环节有比较准确的把控。

56. 暂估价材料相关参数描述不清

建议：做好市场调研，特别是对工程附属设备、装饰材料等难以明确价格的项目，招标文件中要明确相关参数要求，根据类似产品市场价格进行暂估，防止造成认价困难、结算纠纷。

57. 建设单位把控暂估价材料、暂估价工程招标采购难度大，造价控制和工期控制被动

建议：一是尽量减少暂估价数量，对尽可能多的施工内容在总承包公开招标阶段进行充分竞争。二是多项选择，避免施工图设计限定唯一的参数和品牌。三是通过合同或会议约定，明确采购流程、审核流程。严格按照立项批复的招标内容、招标方式执行，若批复建安工程为公开招标，则无论单个暂估价项目是否达到公开招标限额标准，必须公开招标，并由施工总承包单位作为招标人，建设单位审批招标方案、招标文件、招标控制价，参加评标。具体可参考住建部标准合同文本，

如《建设工程施工合同》（GF—2017—0201）通用条款 10.7.1 依法必须招标的暂估价项目。四是编制并执行采购计划，避免施工总承包单位以施工进度为由增加暂估项数量或不开展暂估项公开招标。五是分清界面，保证总包与分包、分包与分包，整体完整无重叠。六是了解市场动态，编制合理的招标控制价。

58. 评标过程未发现投标文件中错报、漏报、不平衡报价等问题

建议：评标之前或过程中，对拟中标单位的投标报价进行清标，重点对投标报价的错报、漏报、不平衡报价等进行梳理，可以在合同总价不变的情况下，调整不合理报价项目，以减少合同执行的风险，防止给工程结算带来困难。

59. 招标文件中对合同价款的支付约定有缺陷

例如：某高级别实验室项目招标文件的合同条款中，预付款的抵扣为"按进度款逐月抵扣"、工程变更的计费原则不明确等，给合同执行带来争议。

建议：在招标文件定稿前向评标、合同管理、造价咨询等方面专家征求意见，对招标文件尤其是专用合同条款进行严格审核。

60. 不重视资格审查，难防围标、废标、恶意竞标现象

建议：一是取消成本极低的资格预审，尽量采用资格后审，增加围标的成本和风险。二是如果当地招投标管理部门要求进行资格预审，为减少投标企业围标现象，尽可能现场考察申请人业绩，约谈企业负责人和拟派项目经理，查验企业资料原件。三是评标采用综合评估法时，评标基准价可设下调系数，并在开标现场随机确定，尽量减少或杜绝对投标报价评分的操控。

61. 设计单位采取有倾向性的设计

建议：建设单位充分开展市场调研工作，掌握设备参数和市场竞争价格，对设计图纸、工程设备参数进行复核，避免设置排他性指标。

62. 招标文件中设备参数不规范，存在明显倾向性或排他性

建议：一是要深入了解仪器设备参数，关键指标不允许发生偏离，非关键指标允许有一定选择范围。二是做好对投标单位的前期考察工作，做到熟悉其资质、诚信、产品、设备质量、价格和技术性能等情况。三是充分尊重专家建议，招标技术文件形成过程中，邀请专家、仪器设备使用部门科研人员参与讨论。同时，注意避免

使用偏好。

63. 个别进口仪器设备招标时市场价与预算批复金额差距较大

建议：一是在项目申报时考虑国际贸易环境对进口仪器设备价格的影响，留出经费空间应对汇率变动和进口关税调整带来的价格差异。二是充分考虑科研实际需求及市场供给情况，合理设置参数，避免资金出现大幅节余或超支。

64. 采购时间跨度长，产品更新换代，未按批复设备购置或增购批复外的仪器设备

建议：项目策划阶段，对拟采购仪器设备做好充分的调研，具备一定的前瞻性，确保技术参数设置科学、合理、先进；采购时合理设置控制价，避免资金出现大幅节余或超支；采购与批复不符的设备，及时与主管部门沟通，按程序办理。

65. 因实际需求变化，变更仪器设备的功能、型号及参数

建议：项目策划阶段将需求分析和市场调研成果准确反映在仪器设备的功能、型号及参数上，做好仪器设备技术定位，避免在采购阶段进行调整；建设单位应由基建部门统筹实施基建项目，基建部门须加强对项目执

行团队的指导和监督；确因实际需求难以避免变化的，且变动金额在总投资10%以内的，应履行建设单位决策程序。

66. 实验室环境不满足仪器设备使用要求，超批复内容新增实验室改造

建议：大型仪器设备购置项目，通过其他资金渠道提前落实环境条件，或项目申报时配套落实环境条件；若在实施过程中超批复内容新增实验室改造，应自筹资金解决。

第三篇

建设实施篇

一、合同管理

67. 专用合同条款有缺陷，存在工程索赔或工程结算纠纷风险

建议：一是规范签订合同的程序，按照属地最新建设工程施工合同示范文本，专用条款序号与通用条款序号一一对应，不省略；对于合同约定不明确、容易产生歧义或风险的条款，务必在签订合同前，在不违背招标文件中实质性条款的前提下与承包人谈判修改。二是在合同条款中明确约定人材机单价调整、变更洽商组价、竣工资料、结算资料、结算报告、工程延期、违约责任界定等内容，注意约定既要严谨又要可操作。三是招标文件（含合同）中的技术部分，可聘请有经验的咨询公司或专业人员编制，防止或减少施工单位进场后，以工期紧、场地狭小、设计修改不及时、建设单位决策不及时、变更洽商签批慢、装修标准调整、品牌型号不明确等各种借口，进行各种各样的索赔。四是合同签订前应委托律师进行审核，出具法律意见书，降低合同执行风险。

68. 合同各方都有违约行为，合同管理不理想

建议：一是加强合同管理意识，合同一经签订，就成为受法律保护的文件，合同双方应按照法律法规和合同约定承担相应的法律责任及合同权利义务。二是各方严格按合同约定执行，对工程变更洽商、工期延误等内容，及时准确地记录、签认、报送、处理。三是对合同分类管理，必须熟悉合同条款，跟踪合同执行情况。四是定期巡检参建单位主要管理人员和持证工种的现场准入审核，建立承担相应违约责任的机制。

69. 现场人员与投标文件有出入，施工单位、监理单位更换管理人员

建议：一是在资格预审阶段要严格考察施工和监理单位，确保技术力量、设备、业绩方面能够满足工程需要。二是根据项目规模和难易程度，在招标文件中对项目经理、总监等执业资格、业绩和能力提出合理要求，其他人员有相应的职称和培训证书。三是在招标文件中明确，投标人必须提供项目经理和主要技术人员在本公司工作期间办理的社保证明（近三年）。四是在专用合同条款中明确，无论何种原因发生人员变更，更换后的人员资质及综合能力不能低于前者，且必须报经建设单位

批准，否则应承担相应违约责任。五是联合建管等当地政府部门加强事后监督，利用准入清除制度约束投标单位人员变更，建设单位发现未经许可变更项目人员、挂靠证照等现象，可向建筑质量监督管理部门投诉，并监督整改。

70. 项目实施管理中发现挂靠情况

建议：为保证项目顺利实施，一是加强管理，协调被挂靠单位真正履行合同的义务和责任。二是管控工程款支付，把握资金流向，支付账号与合同乙方对应。三是建设单位管严管细，及时了解总包与分包、劳务、材料商的合同及资金支付情况。

71. 监理项目部对质量、进度和造价控制不理想

建议：一是严格依据现行的监理合同示范文本签订合同，依据合同加强对监理人员的管理，发现脱岗、缺勤情况严格按合同约定进行处理。二是建设单位坚持参加每周监理例会，查看工程周报和监理月报，发现问题限时整改。三是要求监理单位根据监理规划、施工组织设计和批准的施工方案，进行工地巡视，查看施工日志，加强监理旁站措施。

72. 合同条款对工期和延期约定不明确，给合同执行和工程结算带来困难

建议：一是细化有关进度的合同条款，明确合同工期起止时间，详细界定工期延期或延误条件，明确合同双方对施工进度的责任及相应的经济责任。二是严格按合同约定进行检查，督促施工单位按期完成各阶段任务，每周监理例会对双方确认的工程执行进度情况进行总结，并在会议纪要中如实记录。三是延期发生且责任难以理清时，签订补充协议，明示双方互不进行索赔。四是严格执行合同中的进度奖罚条款。

二、进度控制

73. 建设单位管理链条长、决策慢

建议：一是确权，依据《建筑工程五方责任主体项目负责人质量终身责任追究暂行办法》《农业农村部中央预算内直接投资农业建设项目管理办法》《农业部直属单位建设项目管理办法》等文件，参考《中国农业科学院基本建设项目管理岗位职责》，通过专用合同条款、项目管理办法、授权委托书，明确建设单位法人代表、分管

领导、项目负责人、各专业负责人以及现场管理人员的权责。二是预控，暂估价工程、主要建筑材料、设备采购计划与施工计划衔接，建立台账，统筹推进，交叉进行或紧密衔接。三是支付，安排专人办理国库直接支付，加快审批流程。

74. 施工单位项目部管理不规范，施工组织能力不足，施工连续性差

例如：一是某试验基地项目，一年多时间未完成施工图会审、施工组织设计、进度计划、人材机进场计划等开工前准备工作。二是某试验基地项目，施工过程中因施工单位管理能力欠缺，施工成本控制出现问题，工程难以按计划正常推进。

建议：一是督促施工单位项目部主要人员按投标文件承诺到岗，监督并审查项目部人员安排、分工职责、奖惩、应急预案、各专业工程间衔接等管理制度设置情况。二是组织好设计、监理、施工单位的图纸会审和技术交底会，督促各方提前梳理施工难点，共同完成施工方案重难点设计。三是建设单位协调监理单位、施工单位共同制定施工周计划和月进度计划，建立动态的监督机制。

三、质量控制

75. 施工质量管理制度落实不到位

建议： 一是施工专用合同条款对工程质量明确约定。二是督促监理单位根据监理规划落实工程施工质量控制工作，根据施工组织设计和批准的施工方案，进行检查，严格按照规范、标准、施工图纸、图纸会审纪要、变更通知组织实施。三是认真组织电梯、消防、人防、防雷、规划、环保等专项验收和五方验收。四是及时办理工程质量监督站验收和住建委竣工备案。

76. 建筑材料、设备检测不严格

建议： 一是先考察，要求施工单位充分做好下一步施工计划准备，按合同专用条款约定提交材料清单，材料、设备供应商考察计划，掌握材料质量、价格、供货能力信息。二是选定并检验所用材料，主要装饰材料及建筑构配件在订货前要提供样品，建设单位、监理单位、施工单位现场封样，分类保存样品。三是加强材料进场检查和验收工作，由监理和建设单位组织检验批验收，要求出厂证明、检测合格证等资料齐全，进场检验或复试不合格的材料设备不得使用。

77. 建筑、结构、水暖电施工均有常见问题

例如：钢筋分项工程，梁柱搭接处箍筋未加密；主筋跑偏位移，钢筋保护层不足；箍筋与机械连接接头未错开；施工缝、后浇带钢筋锈蚀，杂物、碎渣多。模板分项工程，模板拼缝及阳角不严产生漏浆；模板拼接处不平，地下室导墙、楼梯上下层间、外墙上下层间等接茬处混凝土出现错台；模板内杂物清理不干净，产生混凝土夹杂物；墙模下口地面不平造成柱根、墙根烂根；模板胀模或跑模；门窗洞口模板或预留洞口模板变形，洞口不方或变形。混凝土分项工程，存在蜂窝、麻面及露筋现象；混凝土表面气泡多、偏大；混凝土出现冷缝及裂缝。

建议：一是树立监理人员在施工现场的威信，每道工序完成后，施工单位自检，相关工序交叉互检，监理工程师检查认可后，方能进行下道工序施工。对施工过程中发生严重质量问题的专业班组及时更换。二是监理人员加大日常巡检频次，做好旁站监理，按时召开监理例会，对发现的质量问题分析原因，及时解决，避免类似的情况再次发生。对不称职的监理人员要求监理单位及时更换。

四、造价控制

78. 建设单位对工程变更的认识不足

例如：工程变更的原因描述不详细，责任不明确，工程量签认不规范。

建议：一是依据准确，熟悉国家和地方建设法规、行业标准，农业建设项目相关管理办法，施工、监理、造价咨询合同中投资控制条款。二是及时处理，施工过程很多工序会被下一道工序覆盖，应当做到一验一签、一事一签。三是客观公正、实事求是地办理签证。四是规范流程，施工、监理、造价咨询合同明确规定变更洽商审批流程。五是规范文件质量，有盖章有签字，描述原因，明确责任，签证既要定性，又要定量。六是各方签证代表有一定的专业知识，施工单位和监理单位签证代表应具有执业资格或上岗证书。七是动态监控，编制变更洽商台账。

79. 施工单位拖欠工资与材料款

例如：一般有两种情况，一种是施工单位真的拖欠农民工工资和供应商材料款；另一种是施工单位操纵部分农民工和材料供应商聚集讨要，向建设单位施压以增加工程结算谈判砝码。

建议：一是建立劳务考勤与合同备案制度。由施工单位建立劳务花名册，由监理单位进行考勤，按月报建设单位。施工单位与分包单位、材料供应商签订的合同，由监理单位审核后报建设单位备案。二是建立施工现场进料统计制度。由监理单位根据材料供应合同，统计每一批次的材料进场量，每月报建设单位。三是建立施工单位报送用款计划制度。每月施工单位申请工程进度款时，必须报送一份工程款用款计划，即该款到位后详细用途，劳务工资细化到人头，材料款细化到合同。四是建立用款对账制度。每月在施工单位申请工程进度款时，提交一份上月资金支付明细并附证明材料，建设单位、监理单位负责与上月用款计划进行对照。

五、安全管理

80. 消防、临电、高空作业、深基坑作业等存在隐患

建议：一是建设单位与施工总承包单位签订安全协议，明确双方的安全责任和义务，明确发生事故后各自应承担的责任。二是建设单位按照施工合同约定及时支

付危大工程施工技术措施费以及相应的安全文明施工费，保障危大工程施工安全。督促施工单位建立健全安全保证体系，落实安全生产主体责任，严格执行安全生产制度。三是督导监理单位加强安全检查，检查施工单位安全生产责任制的落实，尤其是安全交底、安全检查、特殊工种持证上岗制度落实情况，检查现场安全生产标语、安全色标、临边安全防护措施。四是加强安全生产技术知识教育和岗前培训。五是遇有重大节假日，建设单位要组织参建各方召开安全专题会，及时传达部署上级部门的会议精神和相关安排。

第四篇

竣工验收篇

一、工程结算阶段

81. 合同对竣工资料、结算资料工程结算书组成和架构无明确约定，导致结算审核难度大

建议：一是在专用合同条款明确描述竣工资料、结算资料具体内容，明确工程结算书的组成和架构。二是在结算资料交接阶段，编制完整的登记台账，双方树立正确的风险意识，核查签字、盖章和格式等的规范性，保证资料的完整性。

82. 工程结算过程中虚假报价

建议：一是要求监理单位、造价审核单位按照合同约定及时确认价格。二是掌握实际进场的人工、材料和机械情况，做好检查、验收记录。三是尽量收集和掌握施工期间人工、建筑材料和机械的市场价格，关注市场价格变化。

83. 工程结算过程中工程量高估冒算

建议：一是要求监理单位、造价审核单位按照合同约定及时确认工程量。二是关注审核重点，投资比例大

的分项工程，如钢结构、基础工程、钢筋混凝土；容易出漏洞的分项工程，如墙体计算实砌体积扣除柱、梁和门窗；易重复计算的项目，如钢筋混凝土构件交接处，隐蔽工程过程确认等。三是对总投资较大、工程较复杂项目，建议采用过程造价审核，即将事后算总账转变为事中控制。

84. 缺少暂估价材料的认价单，缺少人工费调整确认单

例如：某实验室项目，建设单位对暂估项开展了市场调研询价和竞争比价，但没有形成过程记录和确认文件，工程结算时施工单位不接受建设单位确认的暂估价。

建议：一是按照合同约定，严格履行暂估价专业工程、暂估价材料的考察、询价、竞价、招标程序。二是做好招标、采购工作台账。三是建设单位要熟悉审批流程，跟踪每一次价款调整，明确结果。四是要求施工单位、监理单位做好施工日志和监理日志，如实记录现场情况，建设单位管理人员每天记录现场管理笔记。五是尽量采取过程造价审核，过程中解决认价、调价工作。六是经确认的暂估价材料设备的认价单须发双方合同代表签字确认。

85. 工程结算时间长，久拖不决

建议：一是建议施工单位在施工过程中分阶段编制工程结算，准备结算资料。二是尽早委托工程结算审核单位，以便审核人员提前熟悉工程内容、合同范围、计价模式、取费标准等。三是对土建工程合同价超过 1000 万元的项目，建议采用全过程造价审核。四是在施工合同中明确约定，或在进入工程结算之前，建设单位、施工单位、监理单位与造价审核单位商定结算资料包括的具体内容、格式要求及有关时间要求，注意提供并妥善保存除监理例会外的其他相关工作会签到和会议纪要。

二、财务决算阶段

86. 未考虑拆迁补偿费

例如：项目批复建设内容中未列拆迁补偿，实施中拆迁补偿费在项目经费中支出。

建议：一是项目申报立项时应考虑拆迁补偿费，尤其是基地建设类项目。二是发生拆迁补偿时，要有充分的论证材料和集体决策文件。

87. 列支与建设项目无关费用

例如：某试验基地项目支付项目建设地村委会道路平整费。

建议：严格按照国家及农业农村部基本建设项目财务管理办法，并严格按照初步设计及概算批复内容，执行项目经费支出，认真履行财务支出的审批程序。

88. 土地平整与改良支出列入待摊支出

建议：按照《基本建设财务规则》的要求，土地平整与改良支出不形成固定资产，应作为待核销资产处理。

89. 会计凭证后未附合同相关内容和支付审批表

建议：建设单位应根据《内部会计控制规范——基本规范（试行）》（财会〔2001〕41号）、《会计基础工作规范》（财政部令第98号），结合本单位具体情况，制定本单位的基本建设项目财务管理办法，明确财务管理要求、资金使用、支付审批程序等。

90. 异地建设项目往返差旅费较多，建设单位项目管理费超概算批复

建议：财务人员要及时掌握财政部最新的基建财务制度，严格控制建设单位管理费支出，确保不超概算批

复，超出的差旅费不应在项目列支。

91. 完工后剩余资金用于批复外建设内容

建议：工程通过五方验收后按要求进行整改工作，相应投资应及时纳入项目竣工财务决算报告；工程通过初验后按要求进行的整改工作，相应投资可纳入项目支出范围，并应及时调整竣工财务决算报告。除整改工程相关投资外，原则上不得再有工程费用列支，不能用于初步设计批复之外的建设内容。

三、验收阶段

92. 未做好分部分项工程验收工作

建议：一是做好分项工程验收和隐蔽工程记录（钢筋、模板等），核查工程预检。二是进行分部工程验收（基础工程、主体工程等）时，由总监理工程师组织，建设单位、承包单位和设计单位项目负责人、技术负责人共同参加，核查施工技术资料，进行现场质量验收，协商验收意见，在《基础/主体工程分部工程验收记录》上签字认可，报当地质量监督机构备案。三是对涉及结构安全的和使用功能的分部工程进行抽样检测。

93. 消防、规划等专项验收难，不重视环保验收

建议：一是建设单位在建设过程中加强与消防部门的协调，消防工程、设施、设备可依规选用消防部门认定的单位。二是规划核验是验收中非常重要的一环，在办理规划许可时，须注意强制性附加条款约定内容。三是建设单位按环保部门批复或要求，及时完成环保验收或备案。

94. 仪器设备到货验收程序不完整，验收资料不完整

例如：验收资料缺少开箱清点、原始性能测试、调试记录及测试人员签字，缺少厂家质保承诺文件。

建议：一是基建和使用部门加强验收程序管理，严格按照基建项目管理相关规定组织验收，具体方法应按照《中国农业科学院基本建设项目仪器设备到货验收指南》执行。二是按规定建档，并按批复的仪器设备顺序编排档案的顺序。三是未获得厂家质保承诺文件的仪器设备，不予通过验收，不予付款。

95. 未严格对照批复内容编制项目完成情况对照表

建议：一是依据初步设计和概算批复，按照《中国农业科学院基本建设项目检查、验收标准化文本》，编制项目完成情况对照表并进行分析。二是重大项目或复

杂项目编制完成情况对照表难度大，尤其是涉及建安工程各分项内容调整，专业技术要求高，可委托咨询单位完成。

96. 仪器设备未进行标识化管理，缺少使用记录或记录不完善、不及时

建议： 一是对仪器设备实行标识化管理，每台仪器设备张贴标签，标上项目名称、仪器设备名称、主要参数、生产厂家、产地、主要使用注意事项、维修电话等内容。二是严格按照仪器设备使用规程登记使用，使用记录应准确记录开机时间、时长、实验内容、使用人员等关键点。三是项目单位尽量制作统一的仪器设备标识、使用记录等。

97. 组织初步验收和申请项目验收不及时

建议： 建设单位实施项目后，应及时组织初步验收，出具初步验收报告，并及时向上级主管部门申请验收。建设单位财务和基建部门须完善相互监督的内控机制，对投资下达完超过一年时间的项目，财务部门要敦促基建部门尽快验收移交。

98. 项目竣工验收条件不足，导致验收失败或延后

建议： 建设单位应遵照农业农村部《农业基本建设

项目竣工验收管理规定》执行，逐条对照竣工验收必备条件。

四、工程档案管理

99. 缺少档案管理人员，资料收集不及时，管理不规范

例如：项目资料不完整，不能全面反映项目建设情况。收集资料不及时，未与建设过程同步。组卷顺序错乱、无卷内目录、编号及页码不连续等。

建议：一是落实《中国农业科学院基本建设项目管理岗位职责》，配备力量或委托档案咨询公司负责项目档案管理工作。二是按照《建设工程文件归档整理规范》（GB/T 50328—2014）（2019 年修订）做好项目资料的收集整理归档。

100. 施工单位向建设单位移交档案不及时、不完整，若遇到工程结算纠纷，会导致项目验收工作停滞

建议：一是施工合同中明确项目档案的收集、整理、移交和资金拨付挂钩；参照行业标准和地方标准，明确约定档案的内容和标准，纸质资料与电子资料同步。二是完成五方验收后，督促施工单位按照合同约定移交

档案。

101. 项目档案资料遗失，或分散在经办人手中，部分费用未能纳入项目核算，导致竣工财务决算时投资依据不足，核算不准

例如：某科研楼项目，项目竣工验收后，委托咨询公司编制的项目完成情况对照表及分析报告等文件丢失，此项工作在竣工财务决算审批时不被认可，相应费用不能纳入项目核算。某重大项目，建筑节能与发展新型墙体材料专项基金和散装水泥专项资金申报表原件丢失，导致竣工财务决算审批时审减了相应投资。

建议：一是落实《中国农业科学院基本建设项目管理岗位职责》，配备力量或委托档案咨询公司负责项目档案管理工作。二是健全建设单位档案管理规定，及时开展项目档案的检查、验收工作。

第五篇

综合管理篇

102. 项目法人责任制落实不到位

例如：未成立项目领导小组或项目管理机构，未见法人代表授权，基建管理制度未落实。

建议：一是参照《中国农业科学院基本建设项目管理岗位职责》，结合单位工作实际，制定本单位基建项目管理岗位职责，规范各层级管理岗位职责。二是完善制度保障，制定切实可行的项目管理制度、设备采购制度、基建财务制度、档案管理制度等。

103. 未及时组建强有力的项目推进工作组

例如：某重大项目列入农业农村部有关建设规划 10 年，目前仅完成项目建议书初稿，深度达不到规定要求，核心原因是缺乏高效的项目推进工作组。

建议：成立项目领导小组和推进工作组，委托咨询团队提供咨询服务。项目领导小组由建设单位“一把手”任组长，分管科研和基建工作的领导任副组长，基建、科研、财务、后勤、咨询单位以及有关科研团队负责人为组员。项目推进工作组可采用分管科研工作和分管基建工作的领导双组长制，或由分管科研工作的领导任组长推进。

104. 基建部门人手短缺

建议：一是建设单位“一把手”要重视基建管理队伍建设，可考虑借调、聘用等方式配强管理人员。二是充分利用监理单位、咨询单位的技术资源，积极参与施工图设计与审核、预算编制审核、招标采购、进度控制和造价控制等过程管理。

105. 项目管理人员专业技术水平不足

建议：一是提倡和鼓励项目管理人员自主选学，根据专业背景和项目管理需要，鼓励大家通过 2 ～ 4 年的学习，掌握一门专业知识，鼓励参加相关专业考试。二是邀请工程领域专家每季度或每半年进行一次业务培训。三是提倡传、帮、带，提倡跨单位交流。四是推行项目管理手册，例如项目实施关键点控制、流程图等。

106. 建设单位与施工单位关系紧张

建议：一是施工合同是承发包双方共同遵守的行为准则，诚实守信、合作共赢是双方应遵守的原则。二是建设单位按合同履约，及时支付进度款，及时进行过程验收，及时确定变更，及时选定样品，协助施工单位节省成本、保障工期。三是施工现场采取事前、事中质量控制，样板先行，减少返工。

107. 建设单位管理手段缺乏创新，效率低

建议：充分发挥建设单位安防监控、信息管理系统作用，创新管理手段，采用在线远程监控、在线流程审批、电子云文档等信息化途径提高管理效率。

108. 大型仪器设备后期更换重要零部件或相关处置工作时，固定资产账目核销难

建议：大型仪器设备整体计入固定资产，但招标文件应要求投标人对主机、主要部件、配件或根据大型设备（装置）的功能组成，进行分项报价，作为计入固定资产的客观依据，同时也方便资产处置。